DISCOURS

D'OUVERTURE.

DISCOURS

D'OUVERTURE

DU NOUVEL AMPHITHÉATRE ET DES COURS

DE LA FACULTÉ DE THÉOLOGIE DE PARIS

Prononcé le 4 Mars 1854

PAR M. L'ABBÉ MARET,

DOYEN DE LA FACULTÉ DE THÉOLOGIE, VICAIRE-GÉNÉRAL DE PARIS.

PARIS.

IMPRIMERIE DE JULES DELALAIN

IMPRIMEUR DE L'UNIVERSITÉ

RUES DE SORBONNE ET DES MATHURINS.

Mars 1854.

DISCOURS D'OUVERTURE

DU NOUVEL AMPHITHÉATRE

ET DES COURS DE LA FACULTÉ DE THÉOLOGIE.

Le Samedi 4 Mars 1854.

MESSEIGNEURS ET MESSIEURS [1],

Cette réunion devait avoir lieu dans le nouvel amphithéâtre que vous avez pu voir en entrant dans la Sorbonne; mais, comme il se trouve trop étroit pour ce concours si honorable, avec l'assentiment de M. le professeur de poésie française, nous avons cru devoir vous appeler dans cette salle.

Toutefois, comme l'objet de cette réunion est toujours l'ouverture des cours et du nouvel amphithéâtre, je vous dois d'abord quelques explications.

Dans cette Sorbonne qu'elle avait bâtie et consacrée par une gloire immortelle, la théologie se trouvait réduite à une seule salle, à une salle située au deuxième étage, et tout à fait hors de la portée du public. Cet éloi-

1. L'ouverture des cours s'est faite au milieu d'une assemblée aussi nombreuse que brillante. Le grand amphithéâtre de la Sorbonne, où se fait la distribution des prix du concours général, était entièrement rempli. Mgr l'archevêque de Paris présidait la réunion. Il avait à sa droite Mgr l'évêque de Troyes, ancien professeur d'éloquence sacrée à la Faculté de Paris; à sa gauche, le vénérable doyen des curés de Paris, M. Frasey, un des derniers licenciés de l'ancienne Sorbonne. Toutes les congrégations enseignantes avaient bien voulu y envoyer des représentants : on y voyait des dominicains, des jésuites, des lazaristes, des oratoriens, des sulpiciens. MM. les vicaires généraux de Paris, M. l'abbé Coquereau, aumônier général de la flotte, plusieurs

gnement, en isolant la Faculté, créait un obstacle considérable au succès des cours. Il fallait remédier à un état de choses périlleux, et qui devenait véritablement intolérable.

Mais, pour opérer cette translation désirée de la Faculté de théologie dans un local plus convenable, le concours de plusieurs volontés était nécessaire. Ce concours ne nous a pas fait défaut, et nous devons exprimer ici notre reconnaissance à M. le recteur, à M. le doyen de la Faculté des sciences, et à son illustre collègue M. Dumas, qui tous, avec une bienveillance extrême, se sont prêtés aux échanges qu'exigeaient les nouveaux arrangements.

Déjà M. le doyen de la Faculté des lettres, par la généreuse hospitalité qu'il avait bien voulu nous donner depuis trois ans dans un de ses amphithéâtres, avait préparé les voies au changement avantageux qui s'est fait. Dans tous nos illustres et honorés collègues, nous n'avons trouvé qu'un désir empressé de favoriser le développement de l'enseignement théologique. Mais notre reconnaissance doit monter plus haut encore; elle doit aller principalement à M. le ministre de l'instruction publique, qui a aplani toutes les difficultés, levé tous

de MM. les aumôniers de l'Empereur, M. l'abbé Cruice, directeur de l'école des hautes études, étaient présents. Parmi les curés de Paris, on remarquait MM. Deguerry, Faudet et Martin de Noirlieu. M. le recteur de l'Académie de la Seine, MM. les doyens des Facultés des lettres, des sciences, de droit, de médecine, assistaient à cette cérémonie. Le corps universitaire était représenté par MM. Cousin, Saint-Marc Girardin, Dubois, Guigniaut, Rosseeuw Saint-Hilaire, Charpentier, Geruzez, Wallon, Rigault, Alexandre. La haute administration de l'instruction publique s'y trouvait aussi par plusieurs de ses membres les plus éminents, parmi lesquels on remarquait M. Lesieur, chef de la première division. Il y avait encore d'autres notabilités du clergé, des lettres et des sciences.

les obstacles, et fourni généreusement tous les moyens d'exécution. Avec la haute intelligence qui le caractérise, M. le ministre s'est montré pénétré de l'importance, de la grandeur de l'enseignement théologique, de la nécessité de placer la Faculté de théologie dans des conditions plus favorables à son exercice.

C'était beaucoup, sans doute, de lui rendre une place honorable dans cette Sorbonne qu'elle a tant illustrée; mais d'autres mesures étaient encore nécessaires : au sein de la Faculté, une chaire était vacante; deux de nos honorables collègues se voyaient forcés par l'état de leur santé de suspendre leur enseignement. Notre bien aimé et bien vénéré prélat, toujours pénétré du désir de favoriser et de répandre la science, et qui accorde à la Faculté de théologie, malgré les lacunes de son organisation, une bienveillance toute particulière, s'est concerté avec M. le ministre pour pourvoir aux besoins de l'enseignement. Peut-être dois-je m'abstenir de féliciter la Faculté du concours que viennent lui porter nos nouveaux collègues, et de dire tout ce qu'elle attend de leur talent et de leur zèle[1]; mais, du moins, qu'il me soit permis d'exprimer notre profonde gratitude au professeur illustre, au philosophe chrétien, qui, obéissant à un appel ami, veut bien rentrer dans une carrière où il a déjà trouvé la gloire, pour nous prêter l'appui de sa parole et l'autorité de son nom[2]. Il sera toujours notre modèle et notre guide.

Ainsi, par l'heureux concert des deux autorités épisco-

1. MM. Duquesnay, doyen de Sainte-Geneviève, chargé du cours d'éloquence sacrée, et Lavigerie, suppléant du cours d'histoire ecclésiastique.

2. M. Bautain, vicaire général de Paris, qui fera le cours de morale.

1.

pale et ministérielle, la Faculté de théologie reprend une activité nouvelle ; un champ nouveau s'ouvre devant elle.

Cependant, Messieurs, je n'appellerai pas ce renouvellement de la Faculté une réorganisation. Non ; tout ce qui s'est fait, tout ce qui se fera encore dans un avenir prochain, ne peut avoir qu'un but, de préparer la véritable réorganisation de la Faculté.

Quelle est donc cette réorganisation que nous appelons de tous nos vœux ? Une Faculté de théologie n'est dans toutes les conditions de sa vitalité, de sa force, de son développement, qu'autant qu'elle est approuvée par le Saint-Siége et qu'elle reçoit de lui l'institution canonique. Les Facultés de théologie ont dans l'Église une mission d'enseignement en quelque sorte et sous certains rapports universelle ; elles doivent donner des grades propres à conférer aux gradués les droits et les priviléges attachés par l'Église à cette institution. Il est donc évident qu'une Faculté de théologie, dans son plein exercice, ne peut exister que par l'autorité du Saint-Siége.

Je n'ai point à chercher ici pourquoi, en France, depuis la restauration du culte, elles ont été établies sur une autre base. En réalité, et comme institution ecclésiastique, elles ne sont que des établissements diocésains, et reçoivent de l'évêque leur mission d'enseignement. Cette mission est suffisante pour les autoriser dans certaines limites ; mais comme, à un point de vue plus élevé, elles doivent avoir une autre institution et une autre sphère d'activité, il en est résulté que quelques-uns de leurs droits ont été contestés, que leur vie a toujours été languissante, et qu'elles n'ont pas eu tous les résultats utiles qu'on pouvait attendre d'elles.

En constatant des faits bien regrettables, puisque la France, pendant un demi-siècle, a été privée du concours que des facultés florissantes et puissantes peuvent apporter aux bonnes études théologiques et à la science, je suis bien loin de méconnaître et la pensée généreuse qui a présidé à leur création, et les services qu'elles ont rendus, malgré les difficultés de tout genre dont elles ont été environnées jusqu'à ce jour. Certes, si je pouvais oublier ces glorieux souvenirs, les échos de cette salle me rediraient les accents d'une parole éloquente qui portaient à des âmes d'élite de profondes impressions, des impressions que le temps n'effacera pas[1]. Des ouvrages utiles, sortis de la plume de professeurs de nos facultés, sont venus enrichir la science ecclésiastique; et enfin plusieurs de nos honorables collègues de Paris, de Lyon, de Bordeaux, sont devenus nos pères, et, sur l'appui de leurs talents et de leurs vertus, sont montés de la chaire de professeur au siége épiscopal.

Nonobstant les services et les illustrations qui les recommandent au respect de tous, les facultés de théologie ont toujours été dans une situation précaire et provisoire; et c'est ce caractère provisoire qui peut les expliquer, les justifier. Mais le provisoire ne peut pas toujours durer : nous espérons qu'il aura un terme, et nous avons pour garant de cet espoir l'amour éclairé du bien, l'esprit de sage réforme, qui animent M. le Ministre de l'instruction publique. Nous avons pour garant le zèle de la prospérité des études qu'ont toujours fait paraître nos premiers pasteurs. Et ce qui confirme notre espérance,

1. M. l'évêque de Troyes, ancien professeur d'éloquence sacrée, faisait son cours dans le grand amphithéâtre.

c'est la sagesse de celui que les suffrages d'un grand peuple ont appelé au pouvoir souverain. Déjà, en 1849, et dans son premier message, le prince Louis-Napoléon, alors Président de la République, annonçait que les facultés de théologie étaient un des objets de l'attention de son gouvernement : « La rénovation des facultés de théologie catholique, conformément au vœu de l'assemblée nationale, a également excité les préoccupations du gouvernement. Une commission a élaboré un projet sur cette délicate question, qui touche aux intérêts les plus élevés de la religion, et, à ce titre, ne peut être utilement résolue sans la participation du pouvoir spirituel[1]. »

Ces généreuses pensées, nous osons l'espérer, auront leur suite et leurs effets au moment choisi par l'Empereur, et elles n'échapperont pas à son attention, même au milieu des soins de cette lutte qui commence pour protéger et défendre le bon droit, la justice, la civilisation elle-même.

Nous avons donc la ferme confiance que, dans un moment donné, un nouveau plan de réorganisation propre à concilier tous les droits, et ceux de l'Église et ceux de l'État, tous les intérêts, et ceux du clergé et ceux de l'université, sera proposé à l'acceptation du Saint-Siége; et le pasteur suprême prononcera alors la parole qui crée ; il répandra la bénédiction qui féconde ; et ces institutions du haut enseignement ecclésiastique, si nécessaires et si déchues, reverdiront sur leur vieux tronc et reprendront une vie nouvelle.

Dans cet appel à l'autorité nécessaire du Saint-Siége,

1. *Moniteur* du 7 juin 1849.

en remplissant le plus simple devoir du prêtre, nous obéissons à l'impulsion de nos cœurs. Le pontife suprême trouvera toujours en nous des enfants soumis, et nous serons toujours parmi les défenseurs de ses droits et de ses prérogatives. Cette conduite nous est tracée par tous les enseignements et les exemples de nos maîtres, par toute la tradition de notre Église. Le clergé français n'a-t-il pas toujours été dévoué au siége apostolique? Ne lui a-t-il pas donné, au prix de tous les sacrifices et même de son sang, des gages immortels de sa fidélité? C'est qu'en s'inspirant aux sources de l'Écriture et de la tradition, il a toujours compris que toute la force, toute la durée de la religion et de l'Église tenaient à son unité, et que le centre de cette unité était la clef de tout l'édifice. Oui, sur cette pierre de l'unité, sur ce fondement, posé par la main de J. C. lui-même, repose toute la solidité du christianisme qui doit vaincre toutes les puissances de l'erreur et du mal. Aussi disons-nous avec notre grand Bossuet: « l'unité garde l'unité..., la foi romaine est toujours la foi de l'Église; on croit toujours ce qu'on a cru; la même voix retentit partout; et Pierre demeure dans ses successeurs le fondement des fidèles.... C'est pourquoi nos anciens docteurs de Paris ont tous reconnu d'une même voix, dans la chaire de saint Pierre, la plénitude de la puissance apostolique[1]. »

C'est donc de cette autorité du pontife souverain, qui aura toujours notre amour et notre obéissance, que nous attendons la régénération de nos Facultés de théologie. Ah! notre plus grand désir est de voir sortir de leurs ruines ces institutions nécessaires. C'est l'Église qui avait

1. Sermon sur *l'Unité de l'Église*.

établi les anciennes Facultés de théologie avec leurs épreuves et leurs grades, parce qu'elle voyait dans ces choses les moyens véritables de la prospérité des études et des progrès des sciences sacrées. Sentinelles vigilantes autour du camp d'Israël, elles en gardaient avec un zèle pieux les avenues. Mais leur ministère ne se bornait pas à la défense de nos dogmes, elles répandaient partout les flots d'une doctrine pure où pouvaient s'abreuver tous les esprits avides de science. La science élevait, ennoblissait les caractères et facilitait de toute manière au clergé l'accomplissement de sa mission. Sans doute la théologie n'a pas péri parmi nous; le dépôt en est confié à des congrégations savantes qui l'enseignent, dans nos séminaires, avec tant d'autorité, de science, de succès. Mais ces pieuses congrégations elles-mêmes reconnaissent qu'il manque quelque chose à la complète organisation des études théologiques; et ces regrettables lacunes ne peuvent être comblées que par la restauration canonique des Facultés de théologie.

Quant à nous, nous ne nous contenterons pas de faire des vœux pour cette restauration et de solliciter des dépositaires de l'autorité spirituelle et temporelle les mesures qui doivent amener ce résultat nécessaire. Nous voulons, de plus, mériter ce bienfait. Par quel moyen? il est bien simple: en travaillant et en faisant travailler. Nous travaillerons en nous efforçant de maintenir notre enseignement à la hauteur de la doctrine chrétienne qu'il a pour mission de défendre et d'exposer, et en offrant à la nombreuse jeunesse qui fréquente ce sanctuaire des sciences humaines des leçons dignes de son attention, de son intérêt. Nous voudrions initier avec quelque suite et quelque profondeur cette jeunesse, l'espoir de l'avenir, à ces enseignements chrétiens qui donnent tant d'élévation à l'esprit, tant de force au caractère, tant de dignité à la vie ; et si nous obtenions ce précieux résultat, nous croirions avoir rendu quelques services à la patrie et à la civilisation elle-même.

Nous ferons travailler en donnant les grades théologiques, après des épreuves sérieuses et des compositions utiles. Nous ne nous dissimulons pas tout ce qui manque à nos grades ; nous avons déjà dit qu'ils ne conféraient aucun privilége ecclésiastique. Ils n'ont qu'une valeur académique ; ils ne sont que le signe et le témoignage authentique de la capacité, du travail, des succès. Mais tels qu'ils sont, et surtout avec l'espoir de leur future validation, ils peuvent devenir le stimulant et la récompense de bonnes et sérieuses études. Aussi n'avons-nous pas craint de faire un appel à la jeunesse ecclésiastique, et cet appel a été entendu. Des membres du clergé de Paris, de jeunes prêtres, pleins d'intelligence et de cœur, veulent consacrer leurs loisirs à des études approfondies. Ils se présenteront aux épreuves des grades ; ils obtiendront le doctorat par des travaux développés, capables de les honorer et d'honorer le clergé de Paris lui-même. Le grand exemple qu'ils donnent, nous l'espérons, sera fécond, et il résultera un mouvement vers la science qu'on ne saurait trop encourager, parce qu'il est dans les nécessités du temps.

Oui, un grand développement de la science chrétienne et théologique est une des conditions, je ne crains pas de l'affirmer, du salut du monde, et de la réalisation des destinées promises à la civilisation chrétienne. Ici, veuillez toujours me prêter une bienveillante attention.

Le dix-neuvième siècle est arrivé à la seconde moitié

de sa course ; la première a été remplie par les plus grands événements, par les plus graves controverses ; l'esprit du siècle s'est successivement modifié, et il a traversé les phases les plus diverses. Je n'ai pas la prétention de tracer même une esquisse rapide de l'histoire de l'esprit humain pendant cette période si digne d'attention. Je voudrais seulement indiquer la succession des sentiments du siècle à l'égard du christianisme, afin de nous rendre compte de l'état actuel et des besoins des esprits.

Le berceau de ce siècle a été placé à la limite d'un autre âge qui avait vu la plus formidable insurrection qui jamais ait été tentée contre le christianisme ; l'esprit, le goût, le talent, la science, toutes les passions du cœur de l'homme s'étaient liguées contre le Christ et lui avaient déclaré une guerre à mort. Les dogmes du christianisme avaient été niés, tous ses bienfaits contestés, toutes ses institutions sapées et ruinées. Et il fut donné à cet esprit antichrétien de prévaloir un moment, et dans un jour de crime, de sang et de deuil, il put croire à sa victoire ; mais il devait trouver sa ruine dans son triomphe. Habile à détruire, car la destruction est une œuvre facile, il n'avait rien pu édifier dans l'ordre religieux et moral. L'âme humaine était sans boussole, la vie morale sans aliment ; les caractères s'abaissaient et la matière semblait prête à étouffer l'esprit.

De l'âge précédent, et dans l'ordre religieux, le dix-neuvième siècle héritait donc des négations, des ruines, des préjugés funestes, des haines aveugles, une vie troublée. A ce langage cependant, n'allez pas croire que j'enveloppe dans la même condamnation tout ce qui s'est dit, tout ce qui s'est fait dans ces révolutions où le vrai et le faux, le bien et le mal se sont mêlés et confondus dans des proportions inconnues jusqu'alors. Je sais tout ce qu'il y a de complexe dans les choses humaines, et mes paroles ne s'appliquent avec rigueur qu'à l'ordre religieux et moral. Mais quelque jugement que l'on porte sur les choses et les hommes de cette prodigieuse époque, il faut bien reconnaître que l'insurrection contre le christianisme et l'Église avait ébranlé l'ordre moral jusque dans ses fondements.

Avec cette sûreté de coup d'œil qui, dans les batailles, le guidait à la victoire, le jeune conquérant qui avait reçu la mission de débarrasser la patrie d'une anarchie impuissante, comprit la nécessité de rasseoir l'ordre moral sur la base du christianisme catholique. Dans ce glorieux mais difficile dessein, il fut aidé par la sagesse du plus doux et du meilleur des pontifes. L'antique alliance de la France avec l'Église fut renouée, et le traité de paix scella la réconciliation de l'esprit moderne épuré, réglé, contenu, ramené aux conditions éternelles de l'ordre et de la sociabilité, avec le christianisme, principe de tous les progrès véritables de la civilisation.

Malgré tous les périls de son berceau, le dix-neuvième siècle fut donc inauguré sous d'heureux auspices ; et la loi de sa destinée, qui est la conciliation de tous les progrès légitimes de la raison, de la liberté, de la civilisation, avec les vérités éternelles et immuables de la foi, fut posée au jour de son baptême.

Mais le législateur et le pontife étaient en avant de la plupart de leurs contemporains. La pensée si sage et si haute qui avait voulu opérer la réconciliation nécessaire de la religion avec la société ne fut généralement pas comprise. Trop de passions, trop d'impressions de l'âge précédent empêchaient la lumière d'arriver au grand nombre des esprits. Il est vrai cependant que les luttes s'assoupirent, que les haines se calmèrent un peu; mais ces sentiments violents furent remplacés par un scepticisme léger et moqueur, et par une indifférence profonde pour tout ce qui tenait au christianisme et à l'Église.

Ce scepticisme léger, cette indifférence ont été une des maladies de notre siècle ; à ce scepticisme, à cette indifférence sont venus s'adjoindre les dangers et les suites d'une fausse philosophie.

Je ne dirai rien de ce qui s'est fait dans nos rangs pour combattre le scepticisme, l'indifférence et les doctrines de cette fausse philosophie. Laissons la parole à la Providence.

Une réaction puissante contre le scepticisme et l'indifférence du siècle a été opérée par la naissance et le développement d'une philosophie généreuse, profonde, élevée, qui a assumé la tâche de combattre le sensualisme, de vaincre le matérialisme, et de restaurer, dans sa majesté impérissable, le spiritualisme platonicien. Pour cette noble philosophie, le christianisme ne pouvait pas être chose indifférente; elle a toujours professé pour lui un respect sincère.

Mais dans les phases diverses que cette école a parcourues, il y a eu un moment où plusieurs de ses disciples ont cru que la philosophie était appelée à remplacer la religion pour les esprits d'élite, et qu'elle devait se porter son héritière légitime par le droit de supériorité de l'idée sur l'image. Il y a eu un autre moment où cette école a paru céder aux influences étrangères d'une philosophie dangereuse. Mais bientôt elle rentra, pour ne plus les quitter, dans les voies de Platon, de Descartes, de Leibnitz.

Toutefois, messieurs, il faut bien le reconnaître, on ne sème jamais en vain dans le champ de la pensée ; et chaque germe lève à son jour et à son heure. On avait raconté *comment les dogmes finissent*. Eh bien ! il y eut des esprits qui voulurent s'emparer d'une succession vacante. Quelques hommes téméraires, plus hardis que sages, plus aventureux que forts, partant du principe de l'universelle identité, proclamèrent l'égalité de l'esprit et de la matière, du bien et du mal ; et sur cette base voulurent édifier un nouveau dogme, une nouvelle morale, une nouvelle religion, une nouvelle société. Toutefois, dans la plupart de ces essais, la pensée métaphysique était vague et mal accusée.

Il était réservé à l'Allemagne philosophique de poser des doctrines nettes, complètes, conséquentes, et qui pussent éclairer d'une lumière sincère la fausse route où était engagée cette pensée philosophique. Dans ce pays de spéculation hardie et de timide pratique, le bon sens ne gouverne pas toujours l'esprit, et il lui est facile d'arriver aux limites extrêmes de ses doctrines. Là donc, en partant du principe de l'universelle identité, on a nié sans détour la personnalité de Dieu ; on a confondu Dieu avec le monde ; on a affirmé que la vie divine n'était que le mouvement du monde. Et il s'est trouvé des esprits, assez osés pour tirer des doctrines des maîtres leurs plus extrêmes conséquences, des conséquences que les maîtres n'auraient pas avouées. Et ces conséquences extrêmes ont été la divinisation de l'homme. On a dit qu'il n'y avait d'autre théologie que l'anthropologie ; un monstrueux anthropothéisme a été proclamé comme le dernier progrès de l'émancipation humaine, et l'individu s'est déclaré Dieu, et il a dit qu'il ne reconnaissait d'autre droit que sa force, d'autre loi que ses penchants.

Ces sauvages doctrines ont eu leurs échos parmi nous; et c'est d'une bouche française qu'est sorti le plus odieux blasphème qui jamais ait outragé le ciel; et, toujours appuyé sur le principe de l'universelle identité, on a osé dire : « Dieu, c'est le mal... l'homme est le rival de Dieu; il doit le vaincre, et le détrôner de l'empire des mondes. »

Mais l'heure de la Providence était sonnée, l'heure à laquelle elle allait donner au monde une des plus salutaires leçons qu'il ait jamais reçues. A un jour donné les puissances de ce monde furent ébranlées; il y eut des trônes qui croulèrent, et d'autres qui furent sur le penchant de leur ruine. La société devint tout à coup comme une sorte de table rase, comme un vaste champ libre propre à recevoir toutes sortes de constructions. Un appel fut fait à toutes les doctrines, à tous les systèmes pour édifier un monde nouveau. Nos révélateurs, nos fondateurs des morales nouvelles furent appelés dans les conseils des nations.

Là, sans que les intentions dont il faut laisser le jugement à Dieu fussent inculpées; sans que la vérité de beaucoup d'aperçus utiles aux réformes réclamées par les besoins du temps fut contestée, il devint manifeste au bons sens public que tout ce qui sortait du dogme nouveau, comme sa conséquence nécessaire, était destructif de la nature humaine et des conditions essentielles de la famille et de la société. Et ces doctrines s'échappant des livres où jusque-là elles avaient été renfermées, prenant un point d'appui dans des souffrances trop réelles et dans des besoins trop légitimes, allèrent éveiller dans des âmes incultes et dans des cœurs où le christianisme était presque effacé, les plus grossiers instincts, allumer les plus redoutables passions; et on put croire un moment que le monde était menacé d'un incendie universel.

Ainsi, sous l'empire d'une liberté dont nous étions justement fiers, au milieu de tous les progrès de la raison, des sciences, de l'industrie; au sein de toutes les délicatesses du luxe et dans le développement de la civilisation la plus raffinée qui fût jamais, tout à coup le vaisseau de la société toucha à l'écueil de la barbarie. Et ces doctrines, qui devenaient des torches incendiaires et des glaives menaçants, étaient le résultat nécessaire d'un état donné de l'esprit humain placé en dehors des croyances chrétiennes, et les conséquences extrêmes d'une philosophie qui avait été regardée comme le dernier terme des progrès de la pensée.

Dans ses desseins de miséricorde et de justice, la Providence pouvait-elle donner au monde une leçon plus efficace, plus propre à imprimer à l'esprit humain, si fier de sa force et de ses progrès, une humiliation plus salutaire? Tous, dans le sentiment profond de notre faiblesse et de notre néant, tous sans exception, chrétiens et philosophes, prêtres et laïques, nous avons dû courber la tête sous cette main pleine à la fois de menace et d'espérance.

La leçon providentielle n'a point été perdue; les vérités éternelles, les principes sociaux, l'ordre public ont trouvé d'habiles et d'énergiques défenseurs. De grands efforts ont été faits pour sauver un monde qui, dans l'ordre moral, n'a point encore retrouvé pleinement son équilibre, et qui chancelle encore sur sa base ébranlée.

Dès ce moment, le mouvement de retour vers le christianisme préparé longtemps d'avance s'est prononcé avec plus de netteté et de force. Les intelligences les plus élevées, les cœurs nobles ont compris qu'il manquait quelque chose à la raison, à la philosophie, pour préserver l'homme de lui-même et le conduire à ses fins les plus hautes. De glorieux aveux ont été faits, de graves témoignages ont été rendus par les plus illustres représentants de la politique, des sciences, de la philosophie, des lettres. Pour moi, je ne vois pas, sur cette terre de douleurs et d'épreuves, de spectacle plus grand et plus moral, que celui du talent ou du génie, dans la liberté de sa force, s'expliquant ou se corrigeant lui-même.

Ici je dois vous rapporter quelques-uns de ces témoignages. Écoutez le politique : « Tandis que le paganisme n'a pu supporter un moment l'examen de la raison, le christianisme dure après que Descartes a posé le fondement de la certitude, après que Galilée a découvert le mouvement de la terre, après que Newton a découvert l'attraction, après que Voltaire et Rousseau ont renversé les trônes. Et tous les politiques sages, sans juger ses dogmes, qui n'ont qu'un juge, la foi, souhaitent qu'il dure. Parlez donc au peuple comme la religion[1]. »

Un savant dont la France s'honore, en sollicitant de sa voix éloquente une vaste extension de l'instruction et de l'éducation scientifiques, ne veut pas qu'au milieu de ces soins « on néglige de développer dans les âmes ce sentiment religieux profond et ce sens moral droit et élevé qui inspire le désir de faire le bien. » Il re-

1. M. Thiers, *de la Propriété*, page 433.

connaît hautement que « la perfection morale est la plus belle décoration de l'âme sur la terre[1]. »

Laissons maintenant la parole à un des premiers philosophes des temps modernes. « N'hésitons pas à le dire : sans la religion, la philosophie, réduite à ce qu'elle peut tirer laborieusement de la raison naturelle perfectionnée, s'adresse à un bien petit nombre, et court risque de rester sans grande efficacité sur les mœurs et sur la vie ; et sans la philosophie, la religion la plus pure n'est pas à l'abri de bien des superstitions, et par là elle peut voir lui échapper l'élite des esprits, qui peu à peu entraîne tout le reste, ainsi qu'il en a été au XVIIIe siècle. L'alliance de la vraie religion et de la vraie philosophie est donc à la fois naturelle et nécessaire : naturelle, par le fond commun des vérités qu'elles reconnaissent ; nécessaire, pour le meilleur service de l'humanité[2]. »

Enfin, écoutons un écrivain qui réunit à l'autorité des lettres l'expérience de l'homme d'État : « Quelle est, au fond et religieusement parlant, la grande question, la question suprême qui préoccupe aujourd'hui les esprits? c'est la question posée entre ceux qui reconnaissent et ceux qui ne reconnaissent pas un ordre surnaturel, certain et souverain, quoique impénétrable à la raison humaine ; la question posée, pour appeler les choses par leur nom, entre le supernaturalisme et le rationalisme. D'un côté, les incrédules, les panthéistes, les sceptiques de toute sorte, les purs rationalistes ; de l'autre, les chrétiens. Parmi les premiers, les meilleurs laissent subsister dans le monde et dans l'âme humaine

1. M. Dumas, discours pour la rentrée des Facultés de Lyon.

2. M. Cousin, *du Vrai, du Beau, du Bien*, 2e édit., page 428.

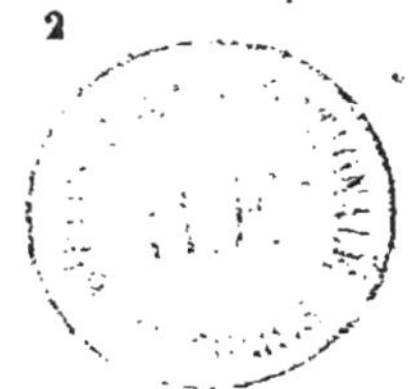

la statue de Dieu, s'il m'est permis de me servir d'une telle expression ; mais la statue seulement, une image, un marbre. Dieu lui-même n'y est plus. Les chrétiens seuls ont le Dieu vivant. C'est du Dieu vivant que nous avons besoin. Il faut, pour notre salut présent et futur, que la foi dans l'ordre surnaturel, que le respect et la soumission à l'ordre surnaturel, rentrent dans le monde et dans l'âme humaine, dans les grands esprits comme dans les esprits simples, dans les régions les plus élevées comme dans les plus humbles. L'influence vraiment efficace et régénératrice des croyances religieuses est à cette condition. Hors de là, elles sont superficielles et bien près d'être vaines[1]. »

Tels sont les sentiments des meilleurs esprits, après qu'il leur a été donné de recueillir l'expérience du siècle, après les grands mouvements, les grands événements, les grandes leçons qui en ont rempli la première moitié.

Vous le savez, Messieurs, les grands écrivains, quand ils racontent les faits moraux d'une époque, quand ils expriment ses sentiments et ses besoins, sont la manifestation de ce qui existe confusément et vaguement dans la plupart des esprits. Il est donc vrai de dire que vous venez d'entendre le témoignage même de l'esprit humain cherchant la foi chrétienne. Le scepticisme cède de son terrain ; l'indifférence est secouée dans sa léthargie ; la fausse philosophie est convaincue d'erreur. Un besoin profond de christianisme se fait sentir ; il y a une aspiration générale vers la douce autorité de ses doc-

1. M. Guizot, *Méditations et Études morales*, Préface. Le lecteur fera lui-même les réserves dont plusieurs de ces témoignages peuvent être susceptibles, d'après les principes d'une rigoureuse orthodoxie.

trines et de ses bienfaits, un retour plus ou moins complet à la foi vivante, la seule efficace.

Et le même phénomène se produit en Allemagne; et là, le glorieux vétéran de la philosophie, l'illustre Schelling, explique ou désavoue son premier système, et veut faire profession de la foi chrétienne. Hegel est expliqué, rectifié ou hautement renié; les doctrines sauvages sorties de son école sont maudites et réduites au silence. On comprend que la pensée philosophique a été trop longtemps sous le charme trompeur du plus décevant des mirages. On retourne à Kant, et même à Leibnitz et à Descartes. On voudrait ranimer partout le sentiment religieux et chrétien[1].

J'ai dit que le retour à la foi vivante, la seule efficace, était plus ou moins complet. Ici, toute question individuelle doit être écartée; le for intérieur des consciences ne doit être ouvert qu'à l'œil de Dieu; nous ne parlons que des faits généraux. Mais, d'après ces faits, il nous paraît certain que, pour le grand nombre, le retour au christianisme n'est qu'un besoin religieux, mêlé d'inquiétude et de doute, une vague aspiration, une tendance qui n'a pas encore un objet bien fixe et bien déterminé. De cette recherche respectueuse et sympathique à la foi vivante, efficace, à la foi au christianisme surnaturel, divin, complet, c'est-à-dire au christianisme catholique, il y a encore loin. Et c'est ici que se trouve le nœud des destinées du siècle et du monde.

Ces vagues aspirations deviendront-elles la foi divine au christianisme catholique? La grande leçon donnée par la sagesse divine aura-t-elle son efficacité complète?

1. Voir un article de M. Saint-René Taillandier, *Revue des Deux-Mondes*, 15 août 1853.

Après tant d'expériences le monde comprendra-t-il enfin qu'il ne peut pas, qu'il ne doit pas cesser d'être chrétien, et qu'il ne doit pas se contenter d'un christianisme arbitraire et stérile ? Le déisme n'a-t-il pas montré à tous son incurable impuissance ? La philosophie indépendante et négative du christianisme peut-elle espérer des maîtres doués de plus de force ou de génie qu'un Schelling, un Hegel, et d'autres feront-ils ce que ceux-là n'ont pu faire ? La liberté, la raison, la science s'obscurcissent et défaillent au jour des grandes épreuves ; tout manque à l'homme, tout appui lui échappe pour le ramener humble et soumis à Dieu et à son Christ. Il est forcé, selon l'expression d'un des plus grands et des meilleurs esprits de ce siècle, de *reculer dans le christianisme*. Heureux recul, qui le ramène à la source de tous les progrès !

Donc, si le monde redevient véritablement chrétien, la marche ascendante de la civilisation, fille du christianisme, poursuivra ses glorieuses destinées. Si toutes les divisions de la pensée, si tous les dissentiments ne prennent pas fin, des discussions libres et animées de l'esprit de la charité la plus sincère prépareront cette grande unité humaine promise par l'Homme-Dieu, et on ne verra plus le bruyant et scandaleux divorce de la foi et de la science, de la religion et de la philosophie, et des sectes qui déchirent l'unité du christianisme. La charité passera de plus en plus dans les lois pour améliorer progressivement le sort de tout ce qui souffre. La science, l'industrie poursuivront leurs glorieuses conquêtes sans danger pour la dignité et la pureté de l'âme humaine. L'ordre et la liberté auront, dans le respect de l'autorité et des droits de tous, plus de garanties que ne peuvent en offrir les constitutions les plus excellentes. Le mal, qui n'est jamais complétement vaincu dans ce monde, le mal qui n'est pas désarmé, et qui, sous la bannière de l'athéisme et du matérialisme, peut encore livrer des batailles redoutables, sera combattu efficacement. Et alors une grande époque de paix et d'harmonie commencera pour le monde, renouvelé par la foi et la charité chrétiennes.

Si au contraire le monde moral s'arrête dans la route où la main de Dieu a voulu le lancer; s'il ne sort pas de ce doute et de cette vague aspiration, s'il ne devient pas véritablement chrétien, alors rien n'arrêtera l'accélération du mouvement de décadence qui déjà se fait si douloureusement sentir. L'égoïsme et les puissances de la matière prendront de plus en plus l'empire sur l'âme amoindrie. Les progrès des sciences n'éclaireront pas les hautes questions de la destinée humaine. La philosophie ne donnera pas satisfaction à tous les besoins de l'esprit et du cœur de l'homme, et ne le conduira pas à ses fins les plus hautes, que la foi seule peut lui révéler, dont elle seule peut le mettre en possession. Le développement de la richesse matérielle ne sera que le signe de la pauvreté morale. Les caractères s'abaisseront, et, par l'effet d'une de ces lois éternelles qui régissent le monde moral, une société troublée oscillera sans cesse entre les excès du pouvoir et ceux de la liberté.

Il n'en sera pas ainsi, nous n'assisterons pas aux funérailles de notre vieux monde : Dieu accomplira ses desseins de miséricorde; mais il n'agit pas ordinairement dans cet ordre sans le concours libre de l'activité humaine. Et si, dans cette crise redoutable qui doit décider des destinées du monde, les plus graves devoirs sont imposés aux individus, aux pères de famille, aux savants, aux philosophes, aux magistrats, aux gouvernements, j'ose dire que le clergé est appelé à exercer sa part d'influence décisive, et que le sort du monde est aussi dans ses mains. Par tous ses moyens d'action, il doit seconder, accélérer, développer cet heureux mouvement de retour vers le christianisme, qui contient le germe du salut.

Pour agir sur le monde, le clergé a toute la force du christianisme lui-même; toute la force de ses doctrines, de ses institutions, de ses vertus, de ses bienfaits. Que suis-je, pour lui tracer la marche qu'il doit suivre afin d'approprier de plus en plus son action aux besoins des temps, seul moyen, ou moyen principal de la rendre vraiment efficace? M'est-il même permis de le louer des efforts qu'il fait pour conquérir les âmes, des vertus qu'il pratique, des vérités qu'il annonce, des exemples qu'il donne? Je dois me renfermer dans mon humble sphère, et je ne crois pas en dépasser les limites, en disant que le plus vaste développement de la science ecclésiastique est plus que jamais nécessaire à l'accomplissement de la mission du clergé. A part les grands coups que Dieu se réserve de frapper quand il veut, et qui subjuguent les âmes avec toute la souveraineté de son empire; à part les touches et les illuminations intérieures de sa grâce, dans l'ordre des moyens humains, on peut dire que le monde, au milieu de cette civilisation si avancée, ne retournera à la foi que par la science.

Pendant les trois derniers siècles, tous les fondements de la religion, comme ceux de la pensée ont été sondés; tous les dogmes, tous les principes, toutes les choses ont été examinées, discutées; les systèmes les plus divers, les plus contradictoires ont été proposés. De cette immense controverse qui commence à Luther et finit à Strauss, à Feuerbach et à Stirner, il s'est élevé des nuages qui ont obscurci le ciel, et qui flottent dans la pensée pour lui dérober les purs rayons de la vérité chrétienne. Relativement à chaque point de doctrine, il y a dans les esprits une foule de difficultés qui pèsent douloureusement sur les âmes. Un champ presque indéfini de discussion s'ouvre donc aujourd'hui devant le théologien ; et, de toutes ces difficultés de l'esprit humain, il ne lui est pas permis de rien négliger, et il doit tout peser au poids de la vérité. Toutefois la discussion n'est qu'une moitié de sa tâche : l'exposition est la principale, et c'est là qu'il doit monter à la hauteur du christianisme, et faire sortir de ses dogmes le plus vaste, le plus noble système de doctrine, la philosophie la plus complète et la plus vraie, seule capable d'expliquer Dieu, l'homme, le monde, autant qu'il est donné à notre faible intelligence, aidée des lumières de la foi, d'embrasser ces grands objets.

Sans doute la science théologique n'est pas à faire ; elle est faite, elle est tout entière dans l'Écriture, dans la tradition des Pères et des docteurs, dans les définitions de l'Église. Nous n'avons qu'à puiser à ces sources, à reproduire l'enseignement de nos maîtres. Mais comme chaque époque a ses erreurs, ses dangers, ses besoins, la défense et l'exposition doivent être appropriées à cet état intellectuel et moral ; et la vraie théologie, comme la vérité qu'elle exprime, doit être à la fois toujours ancienne et toujours nouvelle.

Dans ce but de correspondre aux besoins des esprits, beaucoup de choses ont été faites par nos contemporains, en France, en Italie, en Allemagne, en Angleterre, en Espagne, et toutes les branches des sciences ecclésiastiques se sont enrichies d'ouvrages utiles.

Mais si beaucoup de choses ont été faites, beaucoup encore restent à faire.

La philosophie chrétienne ne doit-elle pas s'approprier, dans l'ordre psychologique, logique, ontologique, une foule d'analyses, de théories, d'aperçus, qui se trouvent épars parmi les vastes travaux accumulés sur cette branche des connaissances humaines? Fixées à jamais dans toutes leurs bases, immuables sur ces bases comme la vérité elle-même, la théologie dogmatique et la théologie morale n'ont-elles aucun nouveau progrès à fournir dans la défense et l'exposition des dogmes? L'exégèse, le vaste champ de la critique biblique, n'offrent-ils aucune conquête à faire? L'histoire des dogmes et de la théologie, même après les grands travaux de Petau et de Thomassin, même après les ouvrages si estimables qui ont paru de nos jours, peut offrir aux théologues un champ nouveau d'exploration. Les travaux accomplis sur l'histoire ecclésiastique sont plutôt les matériaux de cette histoire que cette histoire elle-même coordonnée dans de justes proportions et dans son majestueux ensemble. Il y a place à une nouvelle histoire du droit et de la discipline canoniques, et enfin la littérature ecclésiastique présente encore une mine inépuisable.

Mais que dirai-je des rapports de la religion avec les sciences? L'homme et la nature, le ciel et la terre, ont été explorés avec une infatigable ardeur, souvent avec des succès glorieux; et jusqu'ici on n'a pu citer une loi, un fait, une découverte certaine qui soit en opposition avec nos dogmes. Le passé est la garantie de l'avenir; mais comme on ne peut assigner des limites ni aux recherches, ni aux découvertes de l'homme, et comme l'homme est souvent très-léger et très-précipité dans ses jugements et ses conclusions, et que ses conclusions peuvent être en opposition avec les données de la foi, le théologien doit toujours veiller de ce côté, et son devoir est de se maintenir toujours au niveau de la marche et du progrès des sciences. Par exemple, l'orientalisme, avec ses prodigieux développements, avec ses infatigables investigations de tous les monuments des anciens peuples et ses conquêtes de tous les jours, prépare une histoire nouvelle de l'esprit humain dans l'antiquité, et la renaissance orientale peut avoir d'aussi vastes conséquences que la renaissance grecque au XVe siècle. Que le théologien soit sur ses gardes, et qu'une brique babylonienne, extraite de quelques ruines de Nimbroud ou de Korsabad, ne devienne pas une pierre d'achoppement pour la foi.

Mais il ne faut pas se contenter de défendre le dépôt de la révélation contre une science précipitée ou téméraire. L'objet principal sera toujours de mettre dans tout son éclat l'admirable harmonie de la nature et de la révélation, de la foi et de la science. Et la démonstration de ces rapports suppose des connaissances très-développées dans les sciences elles-mêmes.

Une science générale qui nous tienne toujours au niveau de l'esprit humain est donc toujours très-avantageuse; dans certaines positions, elle est presque aussi nécessaire que la science théologique elle-même; et la science doit être toujours progressive. Sans cette double science et sans ce progrès, le clergé n'accomplira pas parfaitement sa mission dans le monde; et le monde, cherchant en vain cette foi éclairée et savante, capable de fixer ses doutes et ses incertitudes, s'arrêtera dans son mouvement vers le christianisme, et ce jour-là le monde consommera sa perte et sa ruine. Qu'il est donc nécessaire, qu'il est donc urgent de restaurer toutes les institutions qui peuvent développer, accroître, faire fleurir la science sacrée! Ai-je besoin de vous dire que les Facultés de théologie sont les principales? Et voyez, en particulier, comment la Faculté de théologie de Paris se trouve dans l'heureuse nécessité d'être une Faculté savante. Elle est placée au centre des sciences et des lettres humaines, dans le premier sanctuaire qui leur soit ouvert sur la terre. En entrant, vous avez vu ces programmes qui couvrent les murs de la Sorbonne. Ces programmes ne portent-ils pas les plus grands noms de la philosophie, des lettres, des sciences? Et n'ai-je pas aujourd'hui l'insigne honneur de parler devant leurs illustres représentants? Et dans votre souvenir ému, la gloire moderne de cette Sorbonne littéraire et philosophique ne se lève-t-elle pas avec son éclat immortel? Le voisinage de ces puissantes Facultés des lettres et des sciences est à la fois redoutable et précieux pour la Faculté de théologie. Quels efforts le théologien de Paris ne doit-il pas faire pour se rapprocher de tant de talents et de gloire! Ici, messieurs, la science ne doit pas être superficielle, vaine, déclamatoire, systématique; ici, le savoir léger serait puéril, les exagérations seraient funestes, la violence deviendrait mortelle; ici tout nous commande le sérieux, la gravité, la solidité, la modération, la charité, les égards les plus délicats pour les personnes; ici la forme doit être aussi noble, aussi pure, que le fond est grand et élevé. Et peut-être que ces qualités précieuses ont manqué quelquefois à nos polémiques, à nos écrits, et que ces défauts ont été préjudiciables à la cause sainte que nous défendons; puissions-nous, sous ces rapports, donner encore un salutaire exemple!

Puisque la science sacrée est plus que jamais nécessaire et qu'ici se trouvent les meilleures conditions de ses développements, jeunes prêtres, permettez-moi cet appel sous l'autorité de ces vénérables pontifes, jeunes prêtres, qui comprenez la nécessité, la grandeur, l'étendue de votre mission au dix-neuvième siècle; jeunes prêtres, qui portez dans votre cœur l'amour de l'Église et de l'humanité, venez, venez nous aider à relever de leurs ruines ces institutions si nécessaires. Par votre concours, par vos travaux, relevez vous-mêmes l'école de Paris. Par une suite de longs et glorieux efforts, portez la science théologique au degré où elle doit s'élever aujourd'hui; résolvez d'une manière complète et définitive le problème posé avec tant d'éclat et d'autorité, en un jour mémorable, par notre premier pasteur, le problème de l'union parfaite de la science et de la foi. Il contient, nous l'avons prouvé, les destinées du monde. Certes cette œuvre, aussi nécessaire que glorieuse, n'est pas celle d'un homme ni d'un jour; mais il est honorable d'y travailler, et nous osons espérer que nos premiers travaux, nos premiers efforts seront bénis et encouragés par l'institution canonique. Alors, dans toute la puissance de sa constitution, l'école de Paris pourra poursuivre avec plus de succès sa grande œuvre.

Je viens de prononcer le nom de l'école de Paris. Quel souvenir pesant pour notre faiblesse! L'école de Paris! quelle suite de gloire et de service, et jamais école a-t-elle été comblée de plus d'éloges et d'honneur par les souverains pontifes[1] ! Et nous sommes heureux de voir dans cette enceinte un vénérable représentant de cette grande école, le dernier peut-être, qui vient ici pour nouer la chaîne des temps[2].

Sans doute, dans sa longue vie, l'école de Paris a pu avoir des jours d'obscurcissement et de défaillance ; mais enfin elle a produit saint Thomas d'Aquin et Bossuet.

Messieurs, en traversant cette place, vous avez laissé à droite l'emplacement qui portait naguère encore l'église où saint Thomas d'Aquin reçut les honneurs du doctorat, où il commenta le Maître des sentences. En entrant dans ce lieu, vous avez côtoyé l'ancienne école de Sorbonne ; et là, vous pouvez voir encore la salle où Bossuet soutint sa thèse en présence du grand Condé, et fit naître dans le vainqueur de Rocroi le désir de cueillir lui aussi les palmes théologiques. Gloires immortelles de l'école de Paris, saint Thomas d'Aquin, Bossuet, seront nos maîtres, nos guides, et nous aideront à accomplir notre mission difficile. Toutefois, en vouant à ces grands génies toute l'admiration, tout le respect qui leur sont dus, nous savons bien que l'œuvre de l'homme participe toujours au défaut de sa nature ; nous ne prétendons pas nous inféoder exclusivement ni à l'un ni à l'autre : au besoin, nous saurons compléter l'un par l'autre ; car nous ne reconnaissons qu'une seule règle de foi, une seule autorité à laquelle nous devions une obéissance absolue, celle de l'Église et de son Chef.

1. Il serait facile de placer ici ces témoignages pontificaux, si glorieux pour l'école de Paris. On en trouvera plusieurs et des plus beaux dans le sermon sur l'*unité de l'Église*.

2. Le vénérable M. Frasey, curé de Saint-Nicolas des Champs.

www.ingramcontent.com/pod-product-compliance
Ingram Content Group UK Ltd.
Pitfield, Milton Keynes, MK11 3LW, UK
UKHW021204230726
13926UKWH00001B/309